EXERCICES D'oral

EN CONTEXTE

CORRIGÉS

Niveau intermédiaire

Anne Akyüz
Bernadette Bazelle-Shahmaei
Joëlle Bonenfant
Marie-Françoise Flament
Jean Lacroix
Françoise Parent
Patrice Renaudineau

Français langue étrangère

http://www.fle.hachette-livre.fr

445·076

Sommaire

Couverture : Christophe et Guylaine Moï

Secrétariat d'édition : Claire Dupuis

Maquette intérieure et réalisation : MÉDIAMAX

Pour découvrir nos nouveautés,
consulter notre catalogue en ligne,
contacter nos diffuseurs, ou nous écrire,
rendez-vous sur Internet :

www.fle.hachette-livre.fr

ISBN 20115-5143-9 £2·56

© HACHETTE LIVRE 2002, 43 quai de Grenelle, 75 905 Paris Cedex 15.
Tous les droits de traduction, de reproduction et d'adaptation réservés pour tous pays.

PRENDRE CONTACT

A. COMPRÉHENSION

■ Situation 1 : cadre de la communication
1. **c.** Vous entendez trois personnes.
2. **b.** Les personnes ne se connaissent pas, **d.** se vouvoient.
3. **b.** La situation se passe au téléphone.
4. Un jeune homme téléphone à un homme qui cherche des jeunes pour de la figuration dans une publicité ; Ils fixent un rendez-vous.

■ Exercice 1
1. Bruno Ferrand.
2. Parce que Roland Perrault cherche des jeunes pour de la figuration dans une publicité.
3. Il mesure 1,91 m et a les yeux verts.
4. Par téléphone ou par e-mail.
5. Le 17 juin à 10 heures.

■ Exercice 2
1. Faux.
2. Vrai.
3. On ne sait pas.
4. On ne sait pas.
5. Vrai.
6. Faux.
7. Vrai.
8. Faux.

■ Exercice 3
a. 4.	**c.** 1.	**e.** 2.
b. 3.	**d.** 5.	

■ Exercice 4
Phrases entendues : **2, 5.**
1. Entre quinze et vingt ans.
3. 1,91 m.
4. À partir du 15.
6. 10 heures.

■ Situation 2 : cadre de la communication
1. **c.** Vous entendez trois personnes.
2. **a.** Les deux femmes se connaissent, **d.** se vouvoient.
3. **a.** La situation se passe en face à face.
4. Deux femmes se rencontrent et échangent des nouvelles sur leur famille.

■ Exercice 5
1. On ne sait pas.
2. Vrai.
3. On ne sait pas.
4. Faux.
5. Faux.
6. Vrai.
7. On ne sait pas.
8. On ne sait pas.

■ Exercice 6
Mme Jeanet : **a.**
Mme Driss : **b.**

■ Exercice 7
a. 3.		**e.** 4.
b. 1.		**f.** 2.
c. 7.		**g.** 6.
d. 5.		

■ Situation 3 : cadre de la communication
1. **d.** Vous entendez quatre personnes.
2. **a.** Certaines personnes se connaissent, **c.** se tutoient ; **b.** Certaines personnes ne se connaissent pas, **c.** se tutoient.
3. **a.** La situation se passe en face à face.
4. Quatre jeunes gens se retrouvent dans un café pour travailler ensemble.

■ Exercice 8

1. Entre 6 heures et 6 heures et quart.
2. Serge et Laurence.
3. Après.
4. Au plus tard à 8 heures.
5. Elle est toujours ponctuelle, parle quatre langues et fait d'excellents gâteaux.
6. Il est toujours en retard.

■ Exercice 9

1. a.
2. b.
3. a.
4. a.
5. a.

■ Exercice 10

Phrases entendues : **2, 3, 5, 6**.
1. Je crois qu'on est un peu en avance.
4. Laurence m'a beaucoup parlé de toi.
7. Ben, c'est Nadia, elle va travailler avec nous.

■ Situation 4 : cadre de la communication

1. **b.** Vous entendez deux personnes.
2. **b.** Les personnes ne se connaissent pas, **d.** se vouvoient.
3. **c.** La situation se passe à la radio ou à la télé.
4. Un journaliste reçoit Max, animateur radio, et l'interroge sur son travail.

■ Exercice 11

1. Animateur radio.
2. À Radio-Jeunes.
3. 30 ans.
4. À 20 ans.
5. À 22 heures.
6. Avec les jeunes auditeurs.

■ Exercice 12

Informations correctes : **1, 3, 5, 6**.

■ Exercice 13

a. 6.
b. 2.
c. 1.
d. 7.
e. 5.
f. 3.
g. 4.

■ Exercice 14

1. g.
2. h.
3. a.
4. d.
5. f.
6. b.
7. c.
8. e.

■ Situation 5 : cadre de la communication

1. **a.** Vous entendez une personne.
3. **a.** La situation se passe en face à face.
4. La directrice adjointe d'un centre d'activités sportives accueille un groupe de nouveaux arrivants et se présente à eux.

■ Exercice 15

M. Escude : Paul, directeur, premier étage.
Mme Périnet : Marie, responsable des activités, rez-de-chaussée.
Mlle Solé : Marie-Hélène, directrice adjointe, chargée de la coordination, rez-de-chaussée.

■ Exercice 16

1. coordination.
2. planning.
3. organisation.
4. disposition.
5. poser vos questions.

B. PRONONCIATION

■ Exercice 18

1. A<u>lors</u>, <u>ici</u>, je suis chargé de l'organisa<u>tion</u>.
2. Nous avons un intérêt en com<u>mun</u>, la mu<u>sique</u>.
3. Ils me disent ce qu'ils <u>aiment</u>, ce qu'ils ont envie d'en<u>tendre</u>.
4. <u>Ben</u>, voici Na<u>dia</u>, elle va travailler avec <u>nous</u>.
5. Mon mari vient de prendre sa <u>retraite</u>, on va voyager un <u>peu</u>, je suis con<u>tente</u>.

■ Exercice 21

1. *Question :* Tu es chez toi demain soir ?
2. *Question :* Vous pouvez passer à l'agence ?
3. *Affirmation :* Vous ne semblez pas aller mieux.
4. *Question :* Tu leur as bien dit l'heure du rendez-vous ?
5. *Question :* Vous avez trouvé facilement ?
6. *Affirmation :* Vous êtes un copain pour ces jeunes.
7. *Affirmation :* Ils vous appellent pour parler de leurs problèmes.

C. EXPRESSION

■ Exercice 22

1. La personne qui appelle.
2. La personne qui répond.
3. La personne qui appelle.
4. La personne qui appelle.
5. La personne qui appelle.
6. La personne qui répond.
7. La personne qui répond.
8. La personne qui appelle.
9. La personne qui répond.
10. La personne qui répond.

■ Exercice 23

1. a.
2. b.
3. a.
4. b.
5. b.
6. a, b.

■ Exercice 24

1. a/c.
2. e.
3. a/c.
4. g.
5. h.
6. f.
7. b.
8. d.

PARLER DE SES ACTIVITÉS ET DE SES GOÛTS

A. COMPRÉHENSION

■ Situation 1 : cadre de la communication

1. c. Vous entendez trois personnes.
2. a. Les personnes se connaissent,
   c. se tutoient.
3. a. La situation se passe en face à face.
4. Audrey, étudiante à Strasbourg, revient chez ses parents pour le week-end et leur raconte sa première semaine à la fac.

■ Exercice 1

1. Vrai.
2. Faux.
3. Vrai.
4. On ne sait pas.
5. On ne sait pas.
6. Vrai.
7. Vrai.
8. Faux.

■ Exercice 2

Phrases entendues : **2, 4, 5.**
1. J'ai cours tous les jours à 9 heures.
3. Je mets trop de temps.
6. On rit tout le temps.
7. On a bien envie de faire du volley.

■ Exercice 3

a. 2.
b. 3.
c. 5.
d. 1.
e. 4.

■ Situation 2 : cadre de la communication

1. b. Vous entendez deux personnes.
2. a. Les deux femmes se connaissent,
   c. se tutoient.

3. b. La situation se passe au téléphone.
4. Samira téléphone à son amie Stéphanie pour lui parler de sa nouvelle vie en province.

■ Exercice 4

1. Vrai.
2. Vrai.
3. On ne sait pas.
4. Faux.
5. On ne sait pas.
6. Vrai.

■ Exercice 5

1. Ça n'a rien à voir !
2. C'est beaucoup mieux.
3. Les gens sont plus chaleureux.
4. J'ai beaucoup plus de temps.

■ Exercice 6

Phrases entendues : **1, 2, 6.**
3. On fait du sport.
4. Je me lève à 8 heures.
5. Je peux faire un tas de choses.

■ Situation 3 : cadre de la communication

1. c. Vous entendez trois personnes.
2. b. Les personnes ne se connaissent pas.
   c. L'homme tutoie le jeune homme et la jeune fille.
3. La situation se passe à la radio ou à la télévision.
4. Un journaliste demande à deux jeunes gens comment ils organisent leurs vacances d'été.

■ Exercice 7

1. Faux.
2. On ne sait pas.

3. Faux.
4. Vrai.
5. Vrai.
6. On ne sait pas.
7. Faux.
8. Faux.

■ Exercice 8
1. a.
2. b.
3. b.
4. a.
5. b.
6. a.

■ Exercice 9
1. On y retourne tous les étés.
2. On est très heureux de se retrouver.
3. Les vacances, c'est découvrir…
4. Ce n'est pas très original !
5. Ce qui m'intéresse, c'est faire des rencontres.

■ Situation 4 : Cadre de la communication
1. b. Vous entendez deux personnes.
2. b. Les personnes ne se connaissent pas, d. se vouvoient.
3. c. La situation se passe à la radio ou à la télé.
4. Une journaliste reçoit Paul Richard, reporter, et l'interroge sur sa passion : la planche à voile.

■ Exercice 10
1. On ne sait pas.
2. Vrai.
3. On ne sait pas.
4. Vrai.
5. Vrai.
6. Faux.

■ Exercice 11
Réponses correctes : **2, 4, 5**.

■ Exercice 12
1. Ma passion.
2. Ce que j'aime.
3. L'idéal.
4. c'est vraiment fabuleux.

■ Exercice 13
1. Je suis très intéressé par…
2. J'adore ça.
3. J'en fais le plus souvent possible.
4. Il y a autre chose qui me plaît.

■ Situation 5 : cadre de la communication
1. d. Vous entendez huit personnes.
2. b. La femme qui pose les questions ne connaît pas les personnes, d. elle les vouvoie, c. sauf le petit garçon qu'elle tutoie.
3. La situation se passe en face à face.
4. Une enquêtrice demande à sept personnes de tester des crèmes au chocolat.

■ Exercice 14
a. n° 6.	e. n° 5.
b. n° 3.	f. n° 2.
c. n° 4.	g. n° 7.
d. n° 1.	

■ Exercice 15
Personne 1 : Accepte de goûter mais n'indique pas son choix.
Personne 2 : Accepte de goûter mais n'indique pas son choix.
Personne 3 : N'accepte pas de goûter.
Personne 4 : Accepte de goûter et indique son choix.
Personne 5 : Accepte de goûter et indique son choix.

Personne 6 : N'accepte pas de goûter.
Personne 7 : Accepte de goûter et indique son choix.

■ Exercice 16
1. C'est bon, mais…
2. Ça ne m'intéresse pas, merci.
3. Je trouve que la première est bien meilleure.
4. Je m'y connais.
5. J'en consomme énormément.
6. Je n'aime pas tellement les desserts.

■ Exercice 17
a. 4.
b. 2.
c. 5.
d. 1.
e. 3.

B. PRONONCIATION

■ Exercice 18
Phrases dans lesquelles on entend le *e* :
1, 3, 5, 6, 10.

■ Exercice 19
1. Tu es contente de ce que tu fais ?
2. Le temps passe vite !
3. Tu apprécies la prof ?
4. Tu as beaucoup de cours ?
5. Tu te rends compte du changement !
6. Tu as sympathisé avec d'autres ?
7. Je veux bien goûter à ce nouveau fromage.
8. Ça ne m'intéresse pas autant que le cinéma.
9. Je n'ai plus de transports en commun, c'est ce qu'il y a de bien.

■ Exercice 21
1. *Avec enthousiasme :* C'est bien aussi d'être en week-end !

2. *Sans enthousiasme :* J'ai cours tous les jours à 9 heures.
3. *Sans enthousiasme :* Les profs, je ne les connais pas encore tous.
4. *Avec enthousiasme :* On a bien envie de faire du volley !
5. *Avec enthousiasme :* J'ai beaucoup plus de temps qu'avant !
6. *Sans enthousiasme :* Moi, rester au même endroit…
7. *Sans enthousiasme :* Comme d'habitude, ce sera l'île de Ré.
8. *Sans enthousiasme :* C'est difficile de choisir !

C. EXPRESSION

■ Exercice 22
a. 4.
b. 1.
c. 5.
d. 3.
e. 2.

■ Exercice 23
1. d.	**5.** e.
2. g.	**6.** f.
3. b.	**7.** a.
4. c.	

■ Exercice 24
1. Indique une différence.
2. Indique une équivalence.
3. Indique une différence.
4. Indique une différence.
5. Indique une différence.
6. Indique une équivalence.
7. Indique une équivalence.
8. Indique une équivalence.
9. Indique une différence.
10. Indique une différence.

FAIRE DES PROJETS ET PRENDRE RENDEZ-VOUS

A. COMPRÉHENSION

■ Situation 1 : cadre de la communication

1. **b.** Vous entendez deux personnes et une voix sur un répondeur téléphonique.
2. **a.** Les personnes se connaissent, **c.** se tutoient.
3. La situation se passe au téléphone.
4. Une jeune femme laisse un message à une amie pour lui proposer une sortie ; l'amie la rappelle et elles parlent de leurs projets pour le week-end.

■ Exercice 1

1. À la Foire de Paris.
2. Son cousin.
3. Nathalie et Michel.
4. Cécile.

■ Exercice 2

1. Faux.
2. Faux.
3. Vrai.
4. Vrai.
5. On ne sait pas.
6. Vrai.

■ Exercice 3

1. Je compte aller à la Foire de Paris.
2. Je voulais savoir si tu étais libre.
3. Dis-moi, tu veux aller à la Foire de Paris ?
4. Il ne connaît pas du tout Paris.
5. Notre programme pour le week-end est clair.

■ Situation 2 : cadre de la communication

1. **c.** Vous entendez trois personnes et deux annonces par haut-parleur.
2. **a.** Les trois jeunes gens se connaissent, **c.** se tutoient.
3. **a.** La situation se passe en face à face.
4. Trois jeunes gens, dans le métro, parlent de leurs projets pour les prochaines vacances d'été.

■ Exercice 4

1. À cause d'un incident technique.
2. Elle est énervée.
3. Oui.
4. Ils doivent patienter. – Ils doivent prendre les correspondances.

■ Exercice 5

1. Clémence.
2. Virginie.
3. Alain.
4. Virginie.
5. Clémence.
6. Virginie.

■ Exercice 6

a. 3.
b. 4.
c. 5.
d. 8.
e. 1.
f. 7.
g. 2.
h. 6.

■ **Situation 3 :**
  cadre de la communication
1. **c.** Vous entendez trois personnes.
2. **a.** Les personnes se connaissent,
  c. se tutoient.
3. **a.** La situation se passe en face à face.
4. Trois étudiants fixent un rendez-vous pour une prochaine réunion de travail.

■ **Exercice 7**
1. Mercredi, jeudi, vendredi.
2. Jeudi.
3. À la fac.

■ **Exercice 8**
1. On ne sait pas.
2. Faux.
3. Faux.
4. Vrai.
5. On ne sait pas.
6. Vrai.
7. Faux.

■ **Exercice 9**
1. Majid.
2. Théo.
3. Séverine.
4. Majid.
5. Majid.
6. Théo.
7. Majid.
8. Majid et Séverine.

■ **Exercice 10**
1. Alors, on se retrouve quand ?
2. Je l'ai déjà reporté deux fois.
3. Je dois passer à la banque.
4. Jeudi, ça vous irait à tous les deux ?
5. S'il y a un contretemps, on s'appelle.

■ **Situation 4 :**
  cadre de la communication
1. **c.** Vous entendez trois personnes.

2. **b.** Le jeune homme et la première femme ne se connaissent pas,
  d. se vouvoient,
  a. Le jeune homme et la deuxième femme se connaissent,
  d. se vouvoient.
3. La situation se passe au téléphone.
4. Un jeune homme téléphone à une femme pour fixer un rendez-vous. Il la rappelle pour reporter le rendez-vous.

■ **Exercice 11**
1. Faux.
2. On ne sait pas.
3. On ne sait pas.
4. On ne sait pas.
5. Vrai.
6. Faux.
7. Faux.
8. Vrai.

■ **Exercice 12**
Phrases entendues : **1, 6, 7.**
2. Vous êtes libre ?
3. Je ne peux ni mardi ni vendredi.
4. Vers 11 heures, est-ce que c'est possible ?
5. Vous patientez ?

■ **Situation 5 :**
  cadre de la communication
1. **a.** Vous entendez une personne.
3. La situation se passe en face à face.
4. Un homme réunit les habitants de sa rue pour leur présenter l'association qu'il a créée et leur demande d'agir avec lui.

■ **Exercice 13**
Dessin **b.**

■ **Exercice 14**
Slogans corrects : **1, 2, 3, 5, 6, 8.**

■ Exercice 15
1. but.
2. l'intention.
3. projets.
4. mes rêves.
5. initiative.

B. PRONONCIATION

■ Exercice 16
1. Je suis <u>vrai</u>ment embê<u>tée</u>.
2. On n'est pas pres<u>sés</u>, on va attendre un <u>peu</u>.
3. Je ne suis pas <u>libre</u> avant la <u>fin</u> de la se<u>maine</u>.
4. Vendredi ma<u>tin</u>, pas de pro<u>blème</u>.
5. S'il y a un contre<u>temps</u>, on s'appelle.
6. Moi, je suis <u>libre</u> mercredi ma<u>tin</u> et vendredi matin jusqu'à mi<u>di</u>.
7. Bonjour, ma<u>dame</u>, je vous ap<u>pelle</u>, comme pré<u>vu</u>, pour prendre rendez-<u>vous</u>.
8. Je suis désolé de vous déran<u>ger</u>, mais je dois reporter notre rendez-vous de lun<u>di</u>.

■ Exercice 17
1. Iɫ veut savoir si tʉ es libre aussi.
2. Eɫɫ¢ n¢ peut pas passer l¢ week-end avec nous.
3. Ça n¢ m'amuse pas.
4. Iɫ faut attendre longtemps, tu crois ?
5. Iɫ n'y a pas d¢ métro.
6. Iɫs vont m'offrir l¢ voyage.
7. Tu n¢ peux pas l¢ déplacer ?
8. Iɫ n'y a pas d¢ problème.

■ Exercice 18
1. *Français familier :* Iɫ connaît Paris, ton cousin ?
2. *Français standard :* Ça ne m'amuse pas tellement.
3. *Français familier :* Si j¢ n¢ suis pas là…
4. *Français standard :* Ça n'arrête pas.
5. *Français familier :* Iɫ y a toujours un problème.
6. *Français familier :* Tʉ n'as pas eu d¢ réponse ?
7. *Français standard :* Il faut que je me renseigne !
8. *Français familier :* Virginie, eɫɫ¢ fait quoi pendant les vacances ?
9. *Français standard :* S'il y a un contretemps…
10. *Français standard :* Ce n'est pas trop grave ?

■ Exercice 19
Énervement ou protestation : **1**, **2**, **4**, **5**, **7**, **10**.
1. Ça ne t'empêche pas de venir avec moi.
2. Le cousin de Michel va dormir chez nous.
3. Il a peut-être envie de visiter la foire.
4. Oh encore ! Ça n'arrête pas !
5. Pourquoi ça ne marche pas aujourd'hui ?
6. Je dois partir en Irlande l'année prochaine.
7. On doit rentrer à pied.
8. J'ai plein de trucs à faire mercredi matin.
9. Non, ce n'est vraiment pas possible.
10. Bon, je vais annuler mon rendez-vous.

C. EXPRESSION
■ Exercice 20
Formuler un projet : **1**, **2**, **3**, **5**, **7**, **8**, **9**.

■ Exercice 21
1. d.
2. c.
3. e.
4. b.
5. a.

■ Exercice 22
Proposer une activité : **1**, **2**, **4**, **6**, **8**.

DEMANDER SON CHEMIN
ET DÉCRIRE UN LIEU

A. COMPRÉHENSION

■ Situation 1 :
cadre de la communication

1. **b.** Vous entendez deux personnes.
3. La situation se passe à la radio ou à la télé.
4. Il s'agit d'un message publicitaire qui propose un voyage en Crète.

■ Exercice 1
Dessin **c.**

■ Exercice 2
Réponses correctes : **1, 4, 5, 6, 8.**

■ Exercice 3
1. Dix jours en Crète.
2. Pour moins de 300 euros.
3. Situé en bord de mer.
4. À 20 minutes de l'aéroport.
5. Restaurant qui domine la baie.
6. Comme si vous étiez sur un bateau !

■ Situation 2 :
cadre de la communication

1. **b.** Vous entendez deux personnes.
2. **b.** Les deux personnes ne se connaissent pas, **d.** se vouvoient.
3. **b.** La situation se passe au téléphone.
4. Une femme téléphone à une agence immobilière pour avoir des précisions sur un appartement.

■ Exercice 4
1. Faux.
2. On ne sait pas.
3. On ne sait pas.

4. On ne sait pas.
5. Vrai.
6. Vrai.
7. Faux.
8. Vrai.

■ Exercice 5
1. Plus de 30 mètres carrés.
2. 710 euros par mois.
3. 4.
4. 9 heures.
5. 19 heures.

■ Exercice 6
Phrases entendues : **2, 4, 5, 8.**
1. Je vous appelle à propos de l'annonce.
3. Et il se trouve dans quel quartier ?
6. Les charges sont comprises.
7. Ça m'intéresse beaucoup.

■ Situation 3 :
cadre de la communication

1. **c.** Vous entendez trois personnes.
2. **b.** Les deux hommes ne se connaissent pas, **d.** se vouvoient, **a.** La femme et un des hommes se connaissent, **c.** se tutoient.
3. **a.** La situation se passe en face à face.
4. Un automobiliste cherche une station-service et demande le chemin pour y aller.

■ Exercice 7
1. Faux.
2. Vrai.
3. Faux.

4. Vrai.

5. Vrai.

6. On ne sait pas.

7. On ne sait pas.

■ Exercice 8

a. 3.

b. 5.

c. 1.

d. 2.

e. 7.

f. 6.

g. 4.

■ Exercice 9

1. On en vient.

2. Elle est ouverte 7 jours sur 7.

3. C'est sur cette route-là ?

4. C'est bien ça ?

5. Ça fait loin d'ici ?

■ Situation 4 : cadre de la communication

1. a. Vous entendez une personne.

3. c. La situation se passe à la radio ou à la télé.

4. Il s'agit d'une présentation touristique de la Provence.

■ Exercice 10

Réponses correctes : **1, 3, 4, 5, 8.**

■ Exercice 11

1. b, e, f.

2. h, i.

3. d, j.

4. c, g, k.

5. a.

■ Exercice 12

1. Ses petits ports.

2. Huit cent mille habitants.

3. Goûter la bouillabaisse.

4. Vous arriverez en Camargue.

5. Chaque été.

6. Des milliers de vacanciers.

■ Situation 5 : cadre de la communication

1. b. Vous entendez deux personnes.

2. a. Les deux hommes se connaissent, **c.** se tutoient.

3. a. La situation se passe en face à face.

4. Un homme aide son ami à transporter et à placer les meubles dans son nouvel appartement.

■ Exercice 13

Une table, un réfrigérateur, des chaises, un lit, un canapé, un buffet, un miroir, un téléviseur, un micro-ondes, un tapis, une commode.

■ Exercice 14

1. Un studio.

2. *Le salon :* le téléviseur, le canapé, le buffet, la table, les chaises, le tapis, le miroir.
La mezzanine : le lit, la commode.
La cuisine : le réfrigérateur, le micro-ondes.

■ Exercice 15

Phrases entendues : **2, 4, 5, 7.**

1. On va vite être fixés.

3. On le monte sur la mezzanine.

6. Le micro-ondes au-dessus.

8. Je n'en peux plus.

B. PRONONCIATION

■ Exercice 16

1. Je vous appelle à propos de l'annonce.

2. Ce studio est situé dans un endroit animé.

3. Il a une chambre dans un ancien immeuble très agréable à vivre.

4. Nous allons au festival tous les ans en août.

5. Ils habitent un appartement très ensoleillé et bien équipé.

6. Il y en a un autre un peu plus loin.

7. Vous en avez pour un instant.

■ Exercice 17

1. Cet immeuble a été construit il y a trois ans.

2. Nous voudrions une maison de deux étages.

3. Nous aurons un interprète pour visiter le musée.

4. Nous irons demain en Italie et nous résiderons dans un hôtel trois étoiles.

5. Je cherche un atelier assez vaste à partager, nous sommes six architectes.

6. Nous ne sommes pas retournés à Toulouse depuis vingt ans.

7. En Alsace, vous apprécierez la visite en bateau de Strasbourg et son centre historique.

8. À Beaune, nous avons visité les célèbres hospices.

9. Vézelay et son imposante basilique romane vous attendent en Bourgogne.

10. À deux heures en TGV de Paris, Lyon est un centre industriel important.

■ Exercice 19

1. *Demande de confirmation :* C'est un garage que vous cherchez ?

2. *Demande de confirmation :* C'est dans cette direction ?

3. *Question :* Les Landes, c'est une région touristique ?

4. *Demande de confirmation :* C'est dans un quartier calme ?

5. *Question :* Ça fait loin d'ici ?

6. *Demande de confirmation :* Les bungalows sont près de la mer ?

7. *Question :* Nous en avons pour un quart d'heure ?

C. EXPRESSION

■ Exercice 20

1. b.

2. d.

3. c.

4. g.

5. a.

6. f.

7. e.

■ Exercice 21

1. Pour demander son chemin.

2. Pour indiquer un itinéraire.

3. Pour demander son chemin.

4. Pour demander son chemin.

5. Pour demander son chemin.

6. Pour indiquer un itinéraire.

7. Pour demander son chemin.

■ Exercice 22

1. Dans un magasin.

2. Dans la rue.

3. Dans une station de métro.

4. Dans un magasin.

5. Dans une station de métro.

6. Dans la rue.

7. Dans une station de métro.

8. Dans un magasin.

CHAPITRE 5

PARLER D'UN OBJET

A. COMPRÉHENSION

■ Situation 1 : cadre de la communication

1. **b.** Vous entendez deux personnes.
2. **b.** Les personnes ne se connaissent pas, **d.** se vouvoient.
3. **a.** La situation se passe en face à face.
4. Au bureau des objets trouvés, une jeune femme recherche une valise perdue.

■ Exercice 1

1. Faux.
2. Vrai.
3. Faux.
4. Vrai.
5. Vrai.
6. On ne sait pas.

■ Exercice 2

1. Pas très grande.
2. Tissu synthétique.
3. Bicolore : vert foncé et beige.
4. Des vêtements, des affaires personnelles, des documents/dossiers.

■ Exercice 3

Phrases entendues : **1, 3, 8.**
2. Elle est comment ?
4. Ça ressemble à du tissu.
5. Il y a votre nom dessus ?
6. Bon, attendez, je vais voir.
7. Je peux vérifier ?

■ Situation 2 : cadre de la communication

1. **c.** Vous entendez trois personnes et une annonce faite par haut-parleur.

2. **b.** L'homme et la femme ne se connaissent pas, **d.** se vouvoient. **a.** La femme et le garçon se connaissent, **c.** se tutoient.
3. La situation se passe en face à face.
4. Dans un magasin, une femme veut acheter un appareil photo pour son petit-fils ; ils se renseignent sur un modèle.

■ Exercice 4

1. Vrai.
2. Vrai.
3. Faux.
4. Vrai.
5. Faux.
6. On ne sait pas.
7. Faux.
8. On ne sait pas.

■ Exercice 5

Réponses correctes : **1, 3, 4, 5.**

■ Exercice 6

1. Je peux vous renseigner ?
2. Et vous avez une marque préférée ?
3. Il a vu un modèle qui lui plaît.
4. C'est un excellent rapport qualité-prix.
5. Vous pouvez aller régler à la caisse.

■ Situation 3 : cadre de la communication

1. Vous entendez une personne.
3. La situation se passe à la télé.
4. L'homme présente trois articles à vendre.

■ Exercice 7

1. b, e.
2. a, d, f.
3. a, c, g.

Exercice 8

Phrases entendues : **1, 4, 6, 8.**
2. 190 €.
3. 14 kilos.
5. 1,20 m.
7. 20 %.
9. 90 €.

Exercice 9

1. Vous avez la possibilité de payer avec la carte…
2. Il vous permet de lire…
3. Il est livré avec l'étui.
4. Il est peu encombrant.
5. Il n'est pas très lourd.

Situation 4 : cadre de la communication

1. b. Vous entendez deux personnes.
2. b. Les personnes ne se connaissent pas, **d.** se vouvoient.
3. b. La situation se passe au téléphone.
4. Un homme téléphone à l'employée d'un magasin parce qu'il veut rendre un barbecue qui lui fait double usage.

Exercice 10

1. Faux.
2. On ne sait pas.
3. Vrai.
4. Faux.
5. Vrai.
6. Vrai.
7. Faux.
8. On ne sait pas.

Exercice 11

a. 4.
b. 2.
c. 6.
d. 1.
e. 5.
f. 3.

Exercice 12

1. J'ai acheté un barbecue.
2. Je leur avais montré votre catalogue.
3. Je voudrais savoir… si je peux vous en rendre un.
4. On vous fera un avoir.
5. Je ne peux pas être remboursé ?

Situation 5 : cadre de la communication

1. b. Vous entendez deux personnes et un message sur un répondeur.
2. b. Les personnes ne se connaissent pas, **c.** se vouvoient.
3. b. La situation se passe au téléphone.
4. Une femme, qui a un problème technique avec son ordinateur, appelle l'assistance téléphonique.

Exercice 13

1. Du lundi au samedi de 7 heures à 22 heures.
2. Non.
3. Elle n'arrive pas à se connecter à Internet.
4. Non.
5. Elle doit apporter l'unité centrale au magasin.

Exercice 14

1. a, b, c.
2. d, e, f.

Exercice 15

1. désirez contacter notre service commercial.
2. souhaitez l'assistance d'un de nos techniciens.
3. voulez vous abonner.

Exercice 16

a. 3.
b. 6.
c. 2.

d. 5.

e. 1.

f. 4.

B. PRONONCIATION

■ **Exercice 19**

Hésitation : **1, 4, 6, 7, 8.**

1. C'est bien, euh… ça me paraît bien compliqué.

2. Vous avez raison, il est un peu cher.

3. J'ai laissé ma valise dans le train.

4. Elle est verte, en… je ne sais pas comment ça s'appelle.

5. C'est bon marché pour les services qu'il vous rend !

6. Bonjour, voilà…, j'ai acheté un clavier musical et… il ne marche pas.

7. Ils m'ont fait un cadeau et… maintenant… j'ai deux lecteurs de CD.

8. Oui, c'est le… euh… B308Z.

C. EXPRESSION

■ **Exercice 21**

1. Description.

2. Description.

3. Utilisation.

4. Description.

5. Utilisation.

6. Utilisation.

7. Description.

8. Utilisation.

9. Description.

10. Description.

11. Description.

12. Utilisation.

■ **Exercice 22**

1. a, c, d, e, g, j, k.

2. b, f, h, i.

■ **Exercice 23**

1. Solution.

2. Problème.

3. Solution.

4. Solution.

5. Problème.

6. Problème.

7. Solution.

8. Problème.

9. Solution.

10. Problème.

DEMANDER ET DONNER DES RENSEIGNEMENTS

A. COMPRÉHENSION

■ Situation 1 : cadre de la communication
1. **b.** Vous entendez deux personnes.
2. **b.** Les personnes ne se connaissent pas, **d.** se vouvoient.
3. **b.** La situation se passe au téléphone.
4. Une femme téléphone pour réserver une table au restaurant.

■ Exercice 1
1. Dans un restaurant.
2. Elle veut réserver une table pour neuf personnes.
3. Le restaurant n'a pas de place avant 22 h 30.
4. Il lui propose d'appeler le restaurant d'à côté.

■ Exercice 2
1. Je voudrais vous réserver une table.
2. Combien de couverts ?
3. Ça fait tard.
4. Je regrette, c'est complet.
5. Je veux bien, oui.
6. Mais ne tardez pas !

■ Exercice 3
Phrases entendues : **2, 4.**
1. Le vendredi 10.
3. Pas avant 22 h 30.
5. C'est le 02 71 36 20 14.

■ Situation 2 : cadre de la communication
1. **b.** Vous entendez deux personnes et deux annonces par haut-parleur.
2. **b.** Les deux personnes ne se connaissent pas, **d.** se vouvoient.

3. **a.** La situation se passe en face à face.
4. Un homme loue une voiture à l'aéroport.

■ Exercice 4
1. Vrai.
2. Vrai.
3. On ne sait pas.
4. Faux.
5. Faux.
6. Faux.

■ Exercice 5
1. Air Lux 217.
2. Porte numéro 34.
3. 51,70 €.
4. Allée J.

■ Exercice 6
1. à destination de.
2. passagers – en salle d'embarquement, porte numéro 34.
3. formulaire.
4. permis de conduire – carte de crédit.
5. le contrat.
6. papiers.

■ Situation 3 : cadre de la communication
1. **c.** Vous entendez trois personnes et une voix sur une boîte vocale téléphonique.
2. **a.** Les deux enfants se connaissent, **c.** se tutoient, **b.** La femme ne connaît pas l'enfant qui lui parle, **c.** elle le tutoie.
3. La situation se passe en face à face puis au téléphone.
4. Deux enfants téléphonent au Parc Astérix pour avoir des renseignements.

■ Exercice 7
1. On ne sait pas.
2. Faux.
3. Vrai.
4. Faux.
5. Faux.
6. Vrai.
7. On ne sait pas.

■ Exercice 8
Réponses correctes : **2, 4, 5.**

■ Exercice 9
1. c.
2. d.
3. e.
4. a.
5. b.

■ Exercice 10
1. Je suis là pour vous renseigner.
2. Je voudrais savoir combien coûte le billet.
3. L'entrée est gratuite.
4. C'est pour onze ans inclus.
5. Tu veux savoir autre chose ?

■ Situation 4 : cadre de la communication
1. **b.** Vous entendez deux personnes.
2. **b.** Les personnes ne se connaissent pas, **d.** se vouvoient.
3. **b.** La situation se passe au téléphone.
4. Un homme téléphone à sa banque et s'informe sur les formalités pour ouvrir un compte pour un ami.

■ Exercice 11
1. Faux.
2. On ne sait pas.
3. On ne sait pas.
4. Vrai.
5. Faux.
6. On ne sait pas.
7. Vrai.

■ Exercice 12
1. Je voudrais quelques renseignements.
2. Il voudrait ouvrir un compte.
3. Écoutez, c'est très simple.
4. Il lui faut un justificatif de domicile.
5. Et quel est le délai pour avoir un carnet de chèques ?
6. Je vais lui transmettre toutes ces informations.

■ Situation 5 : cadre de la communication
1. **a.** Vous entendez une personne.
3. C'est une annonce par haut-parleur.
4. Une hôtesse donne des informations aux passagers de l'Eurostar.

■ Exercice 13
1. Vrai.
2. Vrai.
3. Vrai.
4. On ne sait pas.
5. On ne sait pas.
6. Faux.
7. On ne sait pas.
8. On ne sait pas.

■ Exercice 14
Phrases entendues : **1, 3, 5.**
2. … à 10 h 13, heure locale.
4. Nous vous rappelons qu'il est strictement interdit de fumer.
6. … une fiche d'immigration qui sera distribuée.
7. Nous restons à votre disposition…

B. PRONONCIATION

■ Exercice 16
1. *Français formel :* C'est‿une Clio verte.
2. *Français formel :* Les papiers de la voiture sont‿à l'intérieur.
3. *Français familier :* Vous devez apporter une pièce d'identité.

4. *Français familier :* C'est une ligne vocale, je déteste !

5. *Français formel :* S'il veut une carte bancaire, c'est un peu plus long.

6. *Français familier :* C'est ouvert tous les jours ?

7. *Français formel :* Nous voudrions une voiture pour 48 heures.

8. *Français formel :* Il lui faut un justificatif de domicile.

9. *Français formel :* Il est strictement interdit de fumer dans le train.

10. *Français familier :* Ils doivent avoir beaucoup de monde aussi !

■ Exercice 18

1. *Déception :* Ça fait tard !

2. *Déception :* J'aurais préféré quelque chose de plus petit !

3. *Soulagement :* L'avion n'est pas encore parti !

4. *Soulagement :* Oui, c'est mieux !

5. *Déception :* C'est un répondeur !

6. *Déception :* Ça fait cher !

7. *Soulagement :* Ils ont des voitures fumeurs !

C. EXPRESSION

■ Exercice 19

1. Client.
2. Client.
3. Employé.
4. Client.
5. Employé.
6. Employé.
7. Client.
8. Client.
9. Client.
10. Employé.

■ Exercice 20

1. a, b.
2. a.
3. b.
4. a.
5. a, b.
6. a.
7. a, b.

CHAPITRE 7

RACONTER UNE HISTOIRE PERSONNELLE

A. COMPRÉHENSION

■ Situation 1 :
cadre de la communication
1. **b.** Vous entendez deux personnes.
2. **a.** Les personnes se connaissent,
   d. se vouvoient.
3. **a.** La situation se passe en face à face.
4. Un homme vient consulter son médecin.

■ Exercice 1
1. Au dos.
2. Non.
3. Le fils de M. Delpeuch.
4. Un carton.
5. Non.
6. Des calmants et de la pommade.

■ Exercice 2
1. Qu'est-ce qui vous arrive ?
2. J'ai voulu aider mon fils.
3. Vous avez pris des médicaments ?
4. Je n'ai pas voulu vous appeler.

■ Exercice 3
a. 5.
b. 1.
c. 3.
d. 2.
e. 4.

■ Situation 2 :
cadre de la communication
1. **a.** Vous entendez une personne.
3. La situation se passe à la radio.
4. Un journaliste présente l'interview d'une dame âgée.

■ Exercice 4
1. À Lieutadès, un petit village du Massif central.
2. 96 ans.

3. À Paris.
4. 150 habitants environ.

■ Exercice 5
1. c.
2. a.
3. d.
4. e.
5. b.

■ Exercice 6
Phrases entendues : 2, 3, 6.
1. Elle a eu six enfants.
4. Pour les médicaments, il fallait aller à la ville voisine.
5. Les gens ont quitté le village.

■ Situation 3 :
cadre de la communication
1. **b.** Vous entendez deux personnes.
2. **a.** Les personnes se connaissent,
   c. se tutoient.
3. **b.** La situation se passe au téléphone.
4. Un homme téléphone à une femme parce qu'il a appris qu'elle avait été cambriolée. Elle lui raconte les circonstances du cambriolage.

■ Exercice 7
1. Vrai.
2. On ne sait pas.
3. Vrai.
4. Faux.
5. Vrai.
6. Faux.
7. On ne sait pas.
8. Faux.
9. On ne sait pas.

■ **Exercice 8**
1. b, c, g.
2. e, f.
3. a, d.

■ **Exercice 9**
1. Il m'a dit pour ton cambriolage…
2. Et quand est-ce que ça s'est passé ?
3. Quand je suis rentrée vers midi et demi.
4. J'ai compris tout de suite.
5. Et ils ont emporté beaucoup de choses ?
6. … un bracelet qui venait de ma grand-mère.
7. J'ai tout de suite appelé la police.

■ **Situation 4 :**
   cadre de la communication
1. **b.** Vous entendez deux personnes.
2. **a.** Les personnes se connaissent, **c.** se tutoient.
3. **a.** La situation se passe en face à face.
4. L'homme explique à la femme pourquoi il est en retard au rendez-vous.

■ **Exercice 10**
1. Vrai.
2. Faux.
3. Faux.
4. On ne sait pas.
5. Faux.
6. On ne sait pas.

■ **Exercice 11**
a. 4.
b. 2.
c. 3.
d. 5.
e. 1.

■ **Exercice 12**
1. Ça fait trois quarts d'heure.
2. Ce n'est vraiment pas de ma faute.

3. Le téléphone sonne.
4. Donc, j'étais dans la rue.
5. J'étais au feu.
6. J'ai dû retourner une deuxième fois chez moi.

■ **Situation 5 :**
   cadre de la communication
1. **b.** Vous entendez deux personnes.
2. **b.** Les personnes ne se connaissent pas, **d.** se vouvoient.
3. **a.** La situation se passe en face à face.
4. Une jeune fille explique son parcours professionnel lors d'un entretien à l'agence pour l'emploi.

■ **Exercice 13**
1. Faux.
2. On ne sait pas.
3. Vrai.
4. Faux.
5. Vrai.
6. Faux.
7. Vrai.
8. On ne sait pas.

■ **Exercice 14**
1. b, c, f.
2. a.
3. c, e, h.
4. d, g.

■ **Exercice 15**
1. Je suis restée plus longtemps que prévu.
2. J'accompagnais des groupes de touristes.
3. Vous ne l'avez pas indiqué ?
4. Je suis partie en Amérique latine.
5. Vous avez un parcours intéressant.
6. Je pense que vous n'y verrez pas d'inconvénient ?

B. PRONONCIATION

■ Exercice 16
1. Voici auparavant une chanson.
2. J'ai voulu aider mon fils à porter un carton.
3. Ma femme m'a acheté des calmants et une bande.
4. Marie-Jeanne, qui a quatre-vingt-seize ans, est invitée à la radio.
5. Elle s'est mariée à l'âge de dix-huit ans et a eu six enfants.
6. J'ai habité au Chili et en Angleterre.

■ Exercice 17
1. 3 : À un moment, j'ai aperçu un arbre.
2. 2 : J'ai attendu comme ça un bon moment.
3. 2 : Il fallait aller à la ville voisine.
4. 3 : J'ai vécu à Londres et à Amsterdam.
5. 3 : Ça a été une bonne expérience.
6. 3 : Ça m'a appris également à me connaître.

■ Exercice 19
1. *Question :* Qu'est-ce qui s'est passé ?
2. *Étonnement :* Mais qu'est-ce que vous avez donc fait ?
3. *Question :* Vous avez pris des médicaments ?
4. *Étonnement :* Tu es au courant ?
5. *Étonnement :* Ils ont fracturé la porte d'entrée !
6. *Question :* Beaucoup de choses ont disparu ?
7. *Étonnement :* Et personne n'a rien vu !
8. *Question :* À votre retour, vous avez fait quoi ?
9. *Étonnement :* Vous ne l'avez pas indiqué !
10. *Question :* Vous êtes disponible quand ?

C. EXPRESSION

■ Exercice 20
1. f.
2. a.
3. d.
4. g.
5. e.
6. c.
7. b.

■ Exercice 21
1. e.
2. f.
3. d.
4. a.
5. c.
6. b.

■ Exercice 22
1. e.
2. d.
3. f.
4. a.
5. c.
6. b.

■ Exercice 23
1. a.
2. b.
3. a.
4. b.

PARLER DE CE QUI VA SE PASSER

A. COMPRÉHENSION

■ Situation 1 : cadre de la communication

1. b. Vous entendez deux voix sur un répondeur téléphonique.

2. a. La femme connaît la personne à qui elle laisse un message, **c.** elle la tutoie.

3. b. La situation se passe au téléphone.

4. Une femme laisse un message à sa fille.

■ Exercice 1
Réponses correctes : **1, 2, 4, 5.**

■ Exercice 2
1. Vrai.
2. Vrai.
3. On ne sait pas.
4. Faux.
5. Faux.
6. Vrai.
7. On ne sait pas.
8. On ne sait pas.

■ Exercice 3
1. Merci de nous laisser un message.
2. Trois choses à te demander !
3. Sois gentille de me l'apporter.
4. Tu le trouveras sur mon bureau.
5. Va voir, s'il te plaît, Mme Bardinet.
6. Dis-lui que je suis d'accord pour la réunion.

■ Exercice 4
a. 4.
b. 5.
c. 2.
d. 1.
e. 6.
f. 3.

■ Situation 2 : cadre de la communication

1. b. Vous entendez deux personnes.

2. b. Les deux femmes ne se connaissent pas, **d.** elles se vouvoient.

3. a. La situation se passe en face à face.

4. Une femme reçoit une jeune fille au pair. Elle lui explique son emploi du temps et les tâches qu'elle aura à faire.

■ Exercice 5
1. Vrai.
2. On ne sait pas.
3. Faux.
4. Vrai.
5. Faux.
6. On ne sait pas.
7. Vrai.
8. Faux.

■ Exercice 6
Phrase entendue : **4.**
1. Je vais vous présenter notre fille.
2. Je vous demanderai de lui parler seulement anglais.
3. Votre travail sera de vous occuper de Bérénice.
5. Vous travaillerez un week-end sur trois.

■ Exercice 7
a. 2.
b. 1.
c. 4.
d. 5.
e. 3.

■ Situation 3 : cadre de la communication
1. b. Vous entendez deux personnes.

2. **a.** Les personnes se connaissent,
   d. se vouvoient.
3. **c.** La situation se passe à la radio.
4. Une femme présente les prévisions
   météorologiques pour la journée.

■ Exercice 8
a. Le Nord, la Picardie et l'Île-de-
France. *Dessins : 2, 8.*
b. La Bretagne, le Pays de la Loire
et la Normandie. *Dessins : 1, 3, 4.*
c. Le Centre et le Massif central.
Dessins : 2, 5.
d. Les Alpes et les Pyrénées. *Dessin : 6.*
e. De la Bourgogne à l'Alsace.
Dessins : 2, 4.
f. De l'Aquitaine à la Provence.
Dessins : 4, 7.

■ Exercice 9
1. Brest, Lille, Strasbourg : 10 °C.
2. Toulouse, Nice : 16 °C.
3. Ajaccio : 21 °C.

■ Exercice 10
1. Vous nous annoncez quel temps ?
2. Les averses s'accompagneront
   d'orages.
3. Les nuages resteront nombreux.
4. Les nuages disparaîtront en cours de
   matinée.
5. Quant aux températures, elles iront
   de 10 °C…
6. Attention au brouillard qui est
   encore épais.

■ Situation 4 :
cadre de la communication
1. **b.** Vous entendez deux personnes.
2. **b.** Les personnes ne se connaissent pas,
   d. se vouvoient.
3. **b.** La situation se passe au téléphone.
4. La femme annonce à l'homme le
   programme d'une excursion.

■ Exercice 11
1. On ne sait pas.
2. Vrai.
3. Faux.
4. Faux.
5. Vrai.
6. Faux.
7. Faux.
8. On ne sait pas.

■ Exercice 12
1. b.
2. d.
3. g.
4. a.
5. f.
6. c.
7. e.

■ Exercice 13
1. Je vous appelle pour vous préciser le
   programme.
2. Vous devez être devant la mairie
   à 5 heures.
3. L'autocar vous y attendra.
4. Oui, mais il faut bien trois heures.
5. Vous pourrez goûter les spécialités
   régionales.
6. Vous y serez en fin d'après-midi.

■ Situation 5 :
cadre de la communication
1. **b.** Vous entendez deux personnes.
2. **a.** Les personnes se connaissent.
3. **a.** La situation se passe en face à face.
4. Le directeur financier d'une
   entreprise présente le bilan et les
   perspectives de l'entreprise.

■ Exercice 14
1. Vrai.
2. Faux.
3. Vrai.
4. On ne sait pas.
5. Vrai.

6. Faux.

7. Faux.

8. On ne sait pas.

■ **Exercice 15**

Réponses correctes : **1**, **2**, **3**, **5**.

■ **Exercice 16**

a. 3.

b. 2.

c. 1.

d. 5.

e. 4.

■ **Exercice 17**

Phrases entendues : **1**, **2**, **5**, **6**.

3. En décembre prochain.

4. Par rapport à l'année dernière.

B. PRONONCIATION

■ **Exercice 20**

1. *Demande polie :* Tu pourras me l'apporter chez Delphine ?

2. *Ordre :* Rappelle-leur que je les verrai demain.

3. *Ordre :* Et surtout, prends bien mon dossier.

4. *Ordre :* Ne lui cédez rien !

5. *Demande polie :* Mais ne dérange rien !

6. *Ordre :* Soyez bien tous à l'heure !

7. *Demande polie :* Vous nous préviendrez si ça ne va pas.

8. *Demande polie :* Vous la ferez déjeuner à midi.

C. EXPRESSION

■ **Exercice 21**

1. Prévision.

2. Consigne.

3. Programme.

4. Consigne.

5. Programme.

6. Consigne.

7. Consigne.

8. Prévision.

■ **Exercice 22**

a. 5.

b. 3.

c. 2.

d. 1.

e. 6.

f. 4.

g. 7.

1. Samedi 17 septembre à 8 heures, nous nous retrouverons à l'aéroport de Paris-Orly.

2. Environ deux plus tard, nous arriverons à Nice.

3. À notre arrivée à Nice, notre accompagnateur nous emmènera à l'hôtel.

4. Le samedi, dans la journée nous visiterons la vieille ville et le bord de mer.

5. Le soir, nous assisterons à un spectacle de danses folkloriques.

6. Le lendemain, nous quitterons Nice pour découvrir la Côte d'Azur.

7. Dimanche dans la soirée, nous reprendrons l'avion pour Paris.

■ **Exercice 23**

a. 4.

b. 3.

c. 5.

d. 1.

e. 2.

DONNER DES CONSEILS

A. COMPRÉHENSION

■ Situation 1 : cadre de la communication

1. **b.** Vous entendez deux personnes.
2. **a.** Les personnes se connaissent,
   d. se vouvoient.
3. **a.** La situation se passe en face à face.
4. Une femme consulte son médecin qui la conseille.

■ Exercice 1

1. Oui.
2. Elle ne supporte pas les médicaments prescrits par le médecin : elle a des nausées, elle se sent fatiguée, elle dort mal.
3. Commerçante.
4. Dans un mois.

■ Exercice 2

1. Alors, madame Lopez, vous allez mieux ?
2. Je ne supporte pas les médicaments.
3. Je me sens très fatiguée.
4. Je n'arrive pas à m'endormir.
5. J'ai seulement besoin de repos.

■ Exercice 3

Phrases entendues : **1, 3, 4, 6.**
2. Vous ne pouvez pas vous libérer ?
5. Je vous propose de poursuivre ce traitement.

■ Situation 2 : cadre de la communication

1. **b.** Vous entendez deux personnes.
2. **b.** Les personnes ne se connaissent pas,
   d. se vouvoient.
3. **a.** La situation se passe en face à face.
4. Une employée de la poste conseille un homme qui veut envoyer un colis.

■ Exercice 4

1. Vrai.
2. On ne sait pas.
3. On ne sait pas.
4. Faux.
5. Vrai.
6. Faux.

■ Exercice 5

1. Colis ordinaire. *Avantage :* pas cher. *Inconvénient :* lent.
2. Colissimo. *Avantage :* assez rapide et bon marché. *Prix :* 3,40 euros.
3. Chronopost. *Avantage :* très rapide. *Inconvénient :* cher . *Prix :* entre 15 et 18 euros.

■ Exercice 6

1. c.
2. e.
3. a.
4. f.
5. d.
6. b.

■ Situation 3 : cadre de la communication

1. **c.** Vous entendez trois personnes.
2. **a.** Les personnes se connaissent,
   c. se tutoient.
3. **a.** La situation se passe en face à face.
4. Un moniteur de ski donne une dernière leçon à deux jeunes gens.

■ Exercice 7

1. Faux.
2. On ne sait pas.

3. Vrai.
4. On ne sait pas.
5. Faux.
6. Vrai.
7. Vrai.

■ Exercice 8
1. Il propose une première descente par une piste rouge, la piste de Bellegarde.
2. Il veut descendre la piste noire et faire du hors-piste.
3. Il ne veut pas commencer par la noire.
4. Ils vont descendre deux ou trois pistes rouges avec slalom, plusieurs noires et vont finir par du hors-piste.

■ Exercice 9
1. f.
2. a.
3. c.
4. b.
5. d.
6. e.

■ Situation 4 : cadre de la communication
1. b. Vous entendez deux personnes.
2. a. Les personnes se connaissent, **d.** se vouvoient.
3. c. La situation se passe à la radio.
4. La femme donne des conseils aux jeunes pour trouver un job d'été.

■ Exercice 10
1. Faux.
2. Vrai.
3. On ne sait pas.
4. Faux.
5. Faux.
6. Vrai.
7. On ne sait pas.

■ Exercice 11
Réponses **1, 3, 6, 7**.

■ Exercice 12
1. je me dépêcherais d'aller.
2. y aurait peut-être des possibilités.
3. vous pourriez également travailler.
4. n'avez qu'à.
5. la solution la plus simple – c'est de vous connecter.

■ Situation 5 : cadre de la communication
1. c. Vous entendez trois personnes.
2. a. Les personnes se connaissent.
   c. Les jeunes filles se tutoient.
3. a. La situation se passe en face à face.
4. Marie essaie de dissuader son amie de faire du saut à l'élastique.

■ Exercice 13
1. Samedi prochain.
2. En Normandie.
3. Il y a eu un accident : un jeune homme a failli mourir en sautant d'un pont.
4. Une bande de copains.
5. Elle fait de la natation.
6. Le parachute et le Deltaplane.

■ Exercice 14
1. Vrai.
2. Faux.
3. Faux.
4. On ne sait pas.
5. Vrai.
6. Faux.
7. On ne sait pas.

■ Exercice 15
a. 3.
b. 2.
c. 5.
d. 6.
e. 1.
f. 4.

■ Exercice 16

1. Tu ne lis pas les journaux ?
2. Tu n'as pas entendu parler de cet accident ?
3. Tu es complètement folle !
4. Pourquoi tu ne fais pas plutôt du parachute ?
5. Tu te rends compte des risques ?
6. Si on t'écoutait, on ne ferait jamais rien, quoi !

B. PRONONCIATION

■ Exercice 18

Suggestion : **2, 4, 6, 9, 10.**

■ Exercice 19

Protestation : **1, 2, 3, 5, 7.**

1. Pas question, elle est toute neuve !
2. C'est difficile.
3. Je n'arrête pas de te le dire…
4. Ça m'étonnerait !
5. Ah non, j'y tiens trop !
6. Je ne supporte pas bien le soleil.
7. C'est un peu cher, quand même !

C. EXPRESSION

■ Exercice 20

1. Conseil.
2. Conseil.
3. Proposition.
4. Proposition.
5. Proposition.
6. Conseil.
7. Conseil.
8. Proposition

■ Exercice 21

1. e.
2. d.
3. b.
4. c.
5. a.

■ Exercice 22

1. b/d.
2. e.
3. f.
4. a.
5. b/d.
6. c.

EXPRIMER UNE OPINION

A. COMPRÉHENSION

■ Situation 1 : cadre de la communication
1. **b.** Vous entendez deux personnes.
2. **a.** Les personnes se connaissent, **d.** se vouvoient.
3. **a.** La situation se passe en face à face.
4. Deux voisins discutent de la présence d'une voiture abandonnée dans leur rue.

■ Exercice 1
1. Faux.
2. Faux.
3. Faux.
4. On ne sait pas.
5. Vrai.
6. Vrai.
7. Faux.
8. Faux.

■ Exercice 2
1. Ça fait vraiment longtemps qu'elle est là.
2. Elle est peut-être en panne.
3. Je crois qu'il faudrait appeler le commissariat !
4. C'est-à-dire que je n'ai pas envie…
5. On va lui demander ce qu'elle en pense.

■ Exercice 3
a. 4. **c.** 1. **e.** 2.
b. 5. **d.** 3.

■ Situation 2 : cadre de la communication
1. **d.** Vous entendez huit personnes.
2. **a.** Les personnes ne se connaissent pas, sauf deux jeunes femmes. **d.** Le journaliste vouvoie les personnes. **c.** Les deux jeunes femmes se tutoient.
3. **a.** La situation se passe en face à face.
4. Dans un grand magasin, un journaliste interroge des clientes sur le bronzage.

■ Exercice 4
Personne 1 : pour.
Personne 2 : pour.
Personne 3 : contre.
Personne 4 : ni pour ni contre.
Personne 5 : contre.
Personne 6 : ni pour ni contre.
Personne 7 : ni pour ni contre.

■ Exercice 5
Réponses correctes : **1, 2, 4, 5, 7, 8.**

■ Exercice 6
1. f. 3. c. 5. g. 7. d.
2. e. 4. a. 6. b.

■ Exercice 7
Phrases entendues : **1, 4, 8.**
2. Je trouve ça très joli.
3. Il faut rester des heures au soleil.
5. Il faut admettre qu'une personne bronzée…
6. parce que c'est la mode d'être bronzé !
7. Non, vraiment, c'est absurde !

■ Situation 3 : cadre de la communication
1. **d.** Vous entendez quatre personnes.
2. **b.** Les personnes ne se connaissent pas, **d.** se vouvoient.
3. **c.** La situation se passe à la radio.
4. Un journaliste demande à des auditeurs s'ils préfèrent le dictionnaire livre traditionnel ou le dictionnaire électronique.

■ Exercice 8
1. Dictionnaire livre.
2. Dictionnaire électronique.
3. Dictionnaire électronique.
4. Dictionnaire électronique.
5. Dictionnaire livre.
6. Dictionnaire livre.

■ **Exercice 9**
1. a, c, e. 2. b, f. 3. d.

■ **Exercice 10**
1. absolument pour.
2. vrai que.
3. à la fois d'accord.
4. certaine qu'.
5. faux de dire qu'.
6. vos opinions.

■ **Situation 4 :
cadre de la communication**
1. **b.** Vous entendez deux personnes.
2. **a.** Les personnes se connaissent,
c. se tutoient.
3. **a.** La situation se passe en face à face.
4. Une mère et sa fille ne sont pas
d'accord à propos d'objets à garder,
jeter ou donner.

■ **Exercice 11**
1. Des vieux livres.
2. Des cartes postales.
3. **a.** Les livres et les cartes prennent
beaucoup de place.
b. On ne lit pas les livres.
4. Les livres sont des souvenirs qui
viennent de ses grands-parents ;
les cartes et les livres pourront
prendre de la valeur.
5. Elle va tout nettoyer et tout ranger
dans sa chambre.

■ **Exercice 12**
1. Faux.   5. On ne sait pas.
2. Vrai.   6. On ne sait pas.
3. On ne sait pas. 7. Vrai.
4. Faux.

■ **Exercice 13**
1. Oh, non, pas question !
2. Tu ne les as même pas lus !
3. Je les lirai un jour !
4. Je les vendrai peut-être très cher !
5. Ça m'étonnerait !
6. Laisse-moi faire !

■ **Exercice 14**
a. 5.   **c.** 6.   **e.** 4.
b. 3.   **d.** 2.   **f.** 1.

■ **Situation 5 :
cadre de la communication**
1. **b.** Vous entendez deux personnes.
3. **c.** La situation se passe à la télé.
4. À la suite de la grève des
techniciens, le président de la chaîne
donne son opinion sur la situation.

■ **Exercice 15**
1. Vrai.   4. Vrai.
2. Faux.   5. Faux.
3. Vrai.   6. On ne sait pas.

■ **Exercice 16**
Réponses correctes : **1, 3, 5.**

■ **Exercice 17**
Phrases entendues : **1, 2, 7.**
3. Il est clair cependant que toutes les
questions…
4. Nous avons un dossier délicat à
traiter…
5. J'attends que chacun soit
raisonnable…
6. Il est vrai que des décisions…
8. Nous devons donc aller à l'essentiel.

B. PRONONCIATION

■ **Exercice 19**
1. Je ne suis pas d'accord avec les
grèves. Nous ne sommes plus libres.
2. Je ne suis pas d'accord. Avec
les grèves, nous ne sommes plus
libres.
3. Nous allons être en vacances. Dans
une semaine, nous partons à la
montagne.
4. Nous allons être en vacances dans
une semaine. Nous partons à la
montagne.

5. Il faut rester allongé des heures au soleil. Pour être tout rouge, non, merci !

6. Il faut rester allongé des heures au soleil pour être tout rouge ! Non, merci !

■ **Exercice 20**

1. *Intonation expressive :* Vous expliquez ça comment, vous ?
2. *Intonation neutre :* Qu'est-ce qu'on peut faire ?
3. *Intonation expressive :* Ça ne veut pas dire que c'est une voiture volée !
4. *Intonation neutre :* Je l'ai vu partir avec sa voiture ce matin.
5. *Intonation expressive :* C'est étrange !…
6. *Intonation expressive :* Ça ne vous paraît pas bizarre, quand même ?
7. *Intonation neutre :* On risque un cancer de la peau.
8. *Intonation neutre :* C'est vrai que ce n'est pas toujours complet.
9. *Intonation neutre :* Mais il y a beaucoup d'avantages.
10. *Intonation expressive :* Cette grève dure depuis trois semaines !
11. *Intonation neutre :* Quand vont-ils reprendre le travail ?
12. *Intonation expressive :* Vous pensez, vraiment ?

■ **Exercice 21**

1. *Français familier :* Ça mé paraît quand même bizarre, hein !
2. *Français standard :* Ils sont magnifiques !
3. *Français familier :* On peut êtré raisonnable, hein, on n'est jamais obligé…
4. *Français familier :* Qu'est-cé qué tu en penses, toi, dé cette voiture, là ?
5. *Français standard :* On risque un cancer de la peau tout simplement.

6. *Français familier :* Il faut qu'ellé soit tombée en panne, pour êtré en retard.
7. *Français familier :* S'ils continuent, c'est qu'ils sont contents, hein ?
8. *Français standard :* Il y a du monde.
9. *Français standard :* Jean ne viendra pas pour l'émission, il ne peut pas se libérer.
10. *Français familier :* Tous ces vieux livres qu'on né lit plus, jé les donne !
11. *Français standard :* Nous avons un dossier délicat à traiter.
12. *Français standard :* Il y a un avantage principal à employer un dictionnaire électronique.
13. *Français standard :* Ce sont des souvenirs !
14. *Français familier :* Pour les spécialistes, c'est insuffisant, hein !

C. EXPRESSION

■ **Exercice 22**

1. c.	3. b.	5. a.
2. e.	4. f.	6. d.

■ **Exercice 23**

1. On n'est pas du même avis.
2. On est du même avis.
3. On n'est pas du même avis.
4. On est du même avis.
5. Ni l'un ni l'autre.
6. Ni l'un ni l'autre.
7. On n'est pas du même avis.
8. On n'est pas du même avis.
9. On est du même avis.
10. Ni l'un ni l'autre.

■ **Exercice 24**

1. d.	3. b.	5. e.	7. c.
2. f.	4. g.	6. a.	

Achevé d'imprimer en France par MAME
Dépôt légal n° 17941-01/2002 – Collection n°24 – Edition 01
15/5143/1